谨以此书献给我的第二故乡淮安

中国历史文化名镇

吴承恩故里 河下古镇

林启东　著

浙江摄影出版社
全国百佳图书出版单位

序言

龚　正

林启东先生将自己的网名取作追光者，除了表达志趣和追求，还表达信念和方向。一个生命向光而生，把一切的黑暗和影子丢在后面，林启东先生用他半个多世纪对艺术的执着追求，让华彩的乐章呈现在深长悠远而又激情勃发的璀璨光影里。对生活，这是一种态度；对艺术，这是一种追慕；对人生，这是一种跋涉。用画笔勾勒爱恨，用镜头记录古今，启东先生努力用美艳之中的苍凉表达雄心和旷远，他锲而不舍的理念，铺垫了艺术家的生命底色。这一次，林启东先生将他的镜头对准了吴承恩故里——河下古镇。

河下古镇是中国历史文化名镇，也是世界文化遗产——京杭大运河沿线的重要节点城镇。为了留住历史的记忆，让每一块青石板都能如敲打石磬一般发出岁月深处的声音，林启东把他对生命的独特感悟，在古镇升华为对家乡的深情依恋。玉带一般的古运河在身边缓缓流淌，悠长的古巷记录着时代的变迁，虚掩的门扉后藏着一个个动人的故事，甚至那温暖心房的淮腔淮调，在聚拢的人群前都是那般让人心生涟漪。在林启东的心里，一座河下古镇，是一颗运河上的耀眼明珠，更是承载历史烟尘的活化石。

罗丹说："美是到处都有的，对于我们的眼睛，不是缺少美，而是缺少发现。"徜徉在林启东用真心和爱意构筑的诗意画面里，我真切地感到源于生活的一切带来的感动，其实早就驻扎在每一个人的心里。因为驻扎在心里的那一束光，能给人力量和希望。

龚正，国家一级作家，中国作家协会会员，江苏省作家协会理事，淮安市作家协会主席。

河下古镇简介

七千多年前，青莲岗燃起文明之火，开启了淮安的辉煌历史篇章……

公元前 486 年，吴王夫差开凿邗沟伐齐，河下古镇为邗沟入淮处——末口。隋代建北辰坊镇。唐会昌后，诗人赵嘏有“家在枚皋旧宅边”名句，雅称“枚里”。明万历前，淮河古堤立于镇北，商贾俗称“河下”。

河下古镇，是世界文化遗产——京杭大运河的重要组成部分，东依开国总理周恩来诞生地，南枕里运河和大运河，人杰地灵、物华天宝。明清时，朝廷统管江南九省的总督漕运部院、总督河道部院、钞关，乃至全国最大的漕船基地、天下粮仓、淮北盐运中心均设在淮安，历代帝王南巡多次驻足。淮安与当时的扬州、苏州、杭州并称京杭大运河沿线的四大都市，明代学者姚广孝留下“襟吴带楚客多游，壮丽东南第一洲”的赞美诗句。千百年来，河下古镇得天独厚的地理位置，沉淀了厚重历史文化。

明中叶，实行纲盐制度后，各省盐商云集河下，酒肆茶楼、梨园书寓等行业空前繁盛，河下成了淮扬菜的主要发源地，明大学士邱浚对此曾感叹：“十里朱旗两岸舟，夜深歌舞几时休。扬州千载繁华景，移在西湖嘴上头。”更令人震撼的是，中国古典四大名著有三部诞于淮安，其中，被誉为世界文学宝库丰碑的神话巨著《西游记》就在河下古镇横空出世。大运河哺育了兴汉名将韩信，汉赋大家枚乘、枚皋父子，晚唐诗人赵嘏，巾帼英雄梁红玉，《西游记》作者吴承恩，抗倭状元沈坤，经学大师阎若璩，道光帝师汪廷珍，中医大家吴鞠通，女文学家邱心如，民族英雄左宝贵等数十位历史名人。

当年，“文川武乡”名冠天下，仅明清两代，这一弹丸之地就出进士 67 名，状元、榜眼、探花“三鼎甲”齐全。此外，河下古镇还出举人 123 名，翰林 12 名，贡生 140 余名，这在中国众多历史文化名镇中实属罕见。

抗日战争全面爆发前夕，河下新安小学的“新安旅行团”走向全国，向千百万人民群众宣传抗日战争，这一壮举，再次为千年古镇河下谱写了举世瞩目、新的历史篇章。

河下古镇，2500 年的沧桑岁月，闪烁着江淮流域和大运河的文明，它是历史文化名城淮安的一个缩影。如今，人们紧紧围绕“保护好、传承好、利用好”大运河文化遗产精神，科学开发河下古镇旅游资源，以其独特历史文化内涵向世人展示它的魅力。大运河畔这颗璀璨明珠，将放射出更加耀眼的光华！

林启东

目录

01

记忆乡愁

河下古镇主题摄影作品选辑

千里运河，为河下积淀了厚重历史文化。沧桑岁月，为古镇铸就了永恒辉煌。于是，用我的禅镜，神望历史、亲阅古镇；用我的心灵，去感悟、去追寻，追寻那魂牵梦萦的浓浓乡愁。

——追光者

西游之父

古镇雪韵

追光者

吴承恩故居

古镇之夜

乡愁

河下水街

天下第一进士镇

抗金英雄梁红玉

流韵千秋

街口印象

月是故乡明

花巷飞雪

右图　童年的记忆

来凤桥遗址

飞越天街

祖屋

残荷交响曲

最后的土地

花巷夜雨

寻根

天梯

羽球健儿

湖心寺廊桥

石板路畅想

又闻米花香

街头小景

故乡行

临流酒家

彩云抱月

月上过街楼

枕水人家

红杉傲雪

雪封魁星阁

家在枚皋旧宅边

墨色残阳

生态潇湖

状元阁之晨

留得残荷听雨声

荷塘虎啸图

西施浣纱图

被遗忘的角落

02

老街人文

河下历史街巷人文典故

河下古镇在 2500 多年的历史长河中积淀下了说不尽的辉煌与沧桑。老街、幽巷、石板路、古民居，原汁原味的历史印辙，记载着江淮流域和千里大运河的文明。

——追光者

河下历史街巷人文典故

国家重点文保单位

明清时，河下有113条街巷，44座桥梁，119处园林，64座牌坊，55座祠庙，纵横交错的石板街形成了独特的石板街文化。

河下历史街区

估衣街

古代旧衣典当一条街。这里有石工头、百岁坊、广济桥、许氏中医宅等历史遗迹十多处。

花巷街

这里有清代著名才女邱心如的出生地桐园。老街附近还有古文楼、三官殿、水龙局等多处历史遗迹。

湖嘴街

当年，明代大学士邱浚过此曾感叹："十里朱旗两岸舟，夜深歌舞几时休。扬州千载繁华景，移在西湖嘴上头。"

罗家桥街

清代国学大师罗振玉的出生地。南侧有古清真寺，西面有清末民族英雄左宝贵纪念园。

琵琶刘街

传说明代四大镇守之一刘济清路过此地，将一位琵琶女纳为妾，此巷因此而得名。

中街

清代中医大家吴鞠通的“问心堂”以及闻思寺、江宁会馆，慈济庵等历史遗迹皆在此街。

莲花街

当年，从这里走出中国第一个宣传抗日救国的少儿团体——新安旅行团。

竹巷街

抗倭状元沈坤、经学大师阎若璩、天文历学家汪椿等十多位历史文化名人在此出生。

打铜巷

吴承恩故居所在地，中国古典四大名著之一的《西游记》在这里诞生。

程公桥

明清时河下程姓盐商所建。

步云桥

仓桥巷

明崇祯四年（1631）探花夏曰瑚的出生地，他与明嘉靖二十年（1541）状元沈坤及清乾隆五十四年（1789）榜眼汪廷珍并称“河下三鼎甲”。

姜桥巷

姜桥巷30号，清同治二年（1863）进士，晚清船政大臣裴荫森（1823—1895）故居位于此。

03

进士之镇

一门六进士的刘氏家族与科举制度

十年寒窗，千载科举浪淘沙。金榜题名，河下英才竞鳌头。仅明清两代，河下就出进士 67 名，状元、榜眼、探花“三鼎甲”齐全。此外，出翰林 12 名，举人 123 名，素有“天下第一进士镇”之称。

——追光者

状元及第

明代河下进士名录

杨靖　罗铨　史敏　李赞　吴节　叶其　吴编　毕玉　陈譲　叶贽　严珍　韦斌　史效　顾达　高云　孙荣　尹京　臧珊　沈坤（文状元）张侃　叶思　叶允武（武状元）刘一临　吴棐　阎世科　夏曰瑚（探花）刘自弦　岳钟秀

清代河下进士名录

刘芳声　张新标　黄宣泰　徐越　阎若琛　刘昌炎　程涞　阎炯　李时谦　李时震　刘谦吉　杨才瑰　刘始恢　刘愈　吴晟　杨开沅　周宪　阎咏　程崟　吴泰　史震林　程晋芳　吴玉镕　程沆　吴虎炳　汪廷珍（榜眼）程俊业　吴凖　丁兆其　程元吉　裴荫森　杨鼎来　杨锐泉　邹鸿纬　浦同庆　丁福中　任联捷　王鸿翔　徐钟恂

寒窗

一门六进士的刘氏家族与科举制度

科举制从隋代开始到清光绪三十一年（1905）止，经历一千三百多年。河下刘氏家族，从第一世万历年间的举人刘世光到第五世清康熙九年（1670）的进士刘始恢，百年间考取 6 名进士和 1 名举人，这在中国科举史上堪称家族科举取士的典范。

琢玉成器

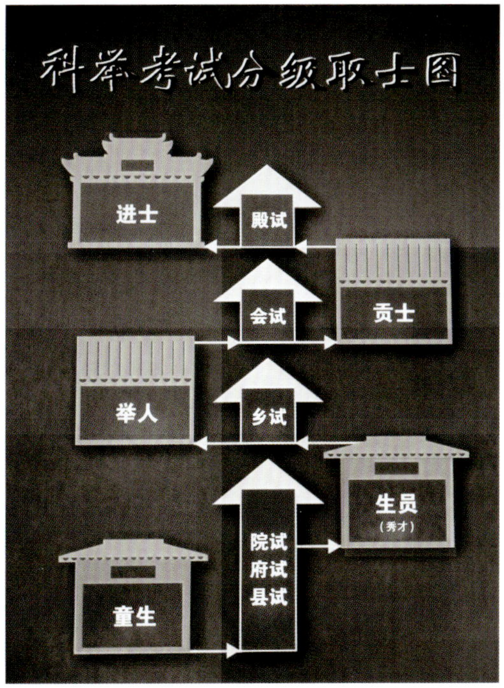

清代殿试图

金榜题名

荣归故里

康熙御题

国之栋梁

指日高升

04

历史名人

河下杰出的十一位历史名人

河下哺育的历史名人，如夜空中璀璨群星熠熠生辉。兴汉名将韩信、汉赋大家枚乘、巾帼英雄梁红玉、抗倭状元沈坤、《西游记》作者吴承恩、中医大家吴鞠通、民族英雄左宝贵，彰显河下儿女伟大情怀。

——追光者

兴汉名将韩信

韩信（前 230—前 196），汉初伟大军事家，开国功臣。楚汉争霸中，他几乎指挥了所有重大战役，虏魏破代、平赵下燕、定齐灭楚，演绎了一部流光溢彩、震古烁今的传奇故事。

枚皋，枚乘之子（前153年—？），字少孺，汉武帝文学侍从。西汉学者扬雄评价其："军旅之际，戎马之间，飞书驰檄，则用枚皋"。

汉赋大家枚乘

枚乘（？—前140），字叔，汉辞赋大家，著有汉赋九篇，其中《七发》是汉赋奠基之作。

枚乘进京图（大型浮雕）

晚唐诗人赵嘏

赵嘏（806？—853），字承祐，行二十二，河下第一个进士。赵嘏虽官位居下，但他诗才出众，《全唐诗》共收录其诗作260首，大诗人杜牧读了他的《长安秋望》，对诗中的“残星几点雁横塞，长笛一声人倚楼”赞叹不已，称他为“赵倚楼”。

抗倭状元沈坤

沈坤（1507—1560），字柏生，号十洲，河下第一个文状元。沈坤于明嘉靖二十年（1541）中进士一甲第一名，钦赐状元及第，任南京国子监祭酒。

明嘉靖三十六年（1557），他因母亡回家守孝三年，当时家乡常遭倭寇烧杀抢掠，沈坤变卖家产，招募乡兵，仅姚家荡一战就消灭倭寇800多人，后遭诬陷，魂断狱中。

巾帼英雄梁红玉

梁红玉（1102—1135），宋代抗金女英雄。宣和二年（1120），因战乱与家人失散流落京口，后嫁韩世忠，因平叛有功被宋徽宗册封为“护国夫人”。

建炎三年（1129）十月，金兀术十万大军侵犯镇江，梁红玉、韩世忠奉命率八千水军伏击金军于黄天荡，创造了以少胜多的战例，宋徽宗又册封她为“扬国夫人”。

淮安东岳庙

位于淮安古城东端，是吴承恩写“五庄观”紫霄宫的原型。

《西游记》作者吴承恩

吴承恩（1506—1582），字汝忠，号射阳居士，明代杰出小说家，长篇巨著《西游记》作者。

吴承恩出生在河下一个破落书香人家。少时以全县第一名考中秀才，但科考不利，直到四十多岁才中了岁贡，先后被委任为浙江长兴县县丞和湖北荆王府纪善，但因看不惯官场的腐败而辞官返乡。

他晚年专意著述，在前人著述和大量民间传说的基础上进行再创作，终于成就了震惊世界、具有浓烈浪漫主义色彩的长篇巨著《西游记》。

《西游记》与淮安地域文化

吴承恩在吸收各种西游故事的同时，将家乡许多与之有关的神话传说和名胜典故融入《西游记》中，为《西游记》深深烙下淮安地域文化的印记。

花果山水帘洞

《西游记》中孙悟空老家的原型，洞门上方留有明嘉靖二十三年（1544）海州知洲王同的“高山流水”题刻。

行者盱眙借兵

《西游记》六十六回记述：黄眉妖作祟，玄奘蒙难，行者遂往景若蓬瀛的盱眙山引小张太子搬兵降妖。

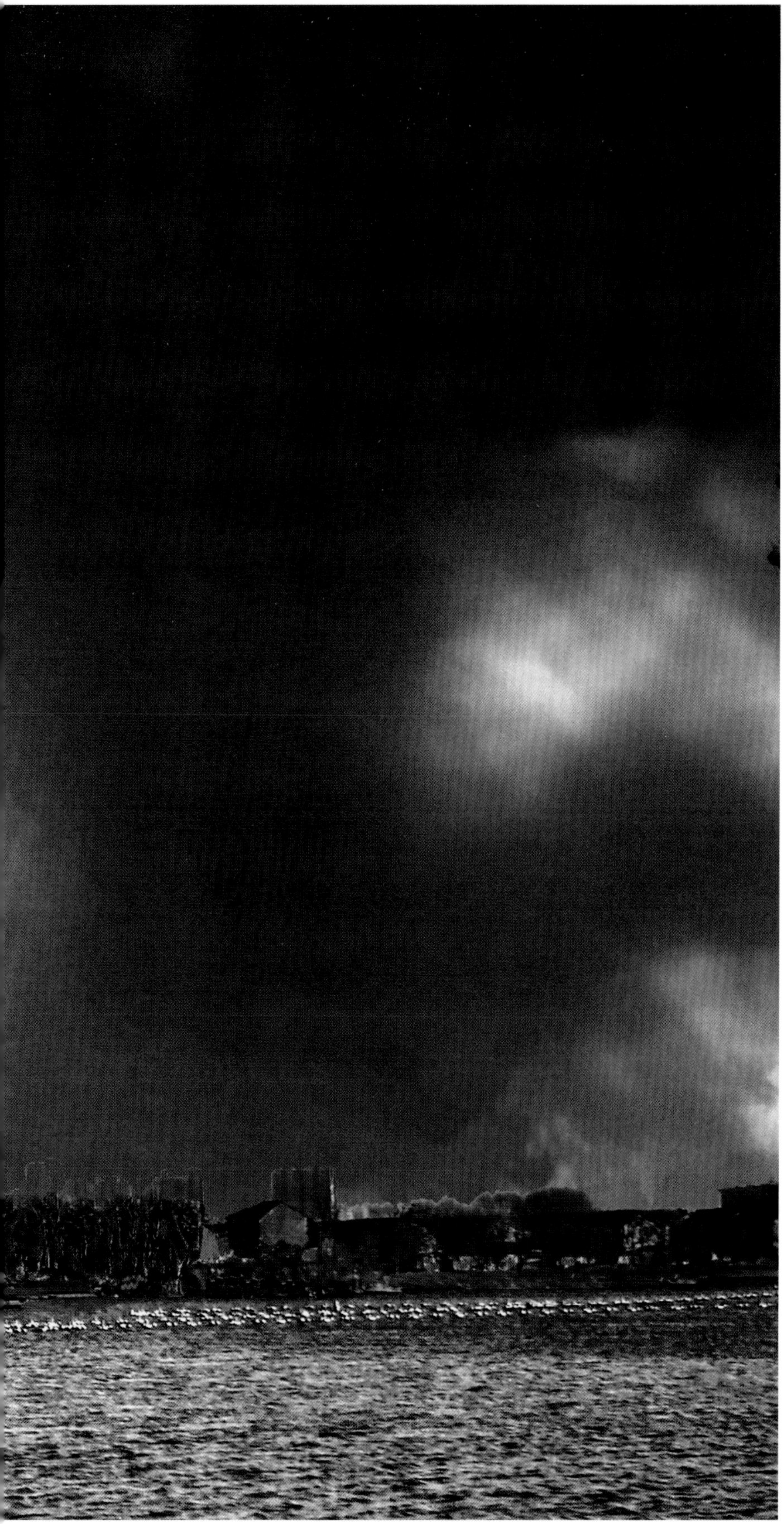

淮安文通塔

原为龙兴寺，建于东晋大兴二年（319），此寺曾供奉“旃檀功德佛”。吴承恩在西游记中将唐僧封为“旃檀功德佛”亦与该塔有关。

道光帝师汪廷珍

榜眼汪廷珍（1757—1827），字瑟庵，清乾隆五十四年（1789）一甲第二名进士，清代协办大学士（副宰相），道光帝师。

他立朝三十余年，经历了乾隆、嘉庆、道光三代，专注于学约“辩途、端本、敬业、裁伪、自立”五则以训士。

中医大家吴鞠通

吴鞠通（1758—1836）名瑭，字配珩，清代杰出温病学家。清乾隆四十八年（1783），吴鞠通应邀赴京，著成《温病条辨》一书。此书与《黄帝内经》《伤寒论》《金匮要略》并列为“中医四大经典著作”。

民族英雄左宝贵

左宝贵（1837—1894），字冠亭，回族，清末民族英雄。他出生山东费县，少时来淮投亲，定居河下罗家桥。

甲午战争中，已是奉军统领的左将军出师平壤与日军浴血奋战。狂虏压城，邻军溃逃，将军乃衣御赐黄马褂，顽强拼搏，壮烈殉国，谱写了一部气壮山河的英雄史诗。

女文学家邱心如

邱心如（1805—1873），号心如女史，清代著名才女。她出生河下桐园，数十年撰《笔生花》8卷，共20多万字。《笔生花》与陶贞怀的《天雨花》，陈瑞生的《再生缘》合称“清代弹词三大”。

05

历史积淀

河下部分历史遗迹概览

当历史画卷缓缓展开，古运河畔的御码头、闻思寺、古枚里、漂母祠、钓鱼台、状元楼、名人居……众多历史遗迹一一呈现，无声地诉说着它们的千古传奇。

——追光者

漂母祠

位于萧湖之滨，明万历年间移建于此，祠堂擎柱上镌明万历二十四年（1596）淮安知府刘大文撰题的楹联。

漂母是秦汉时期淮阴城下一位漂洗衣絮的劳动妇女，司马迁在《史记》淮阴侯列传中称她为“漂母”。当年少年韩信流落城下垂钓，曾得到漂母的关怀和教诲。

韩侯钓台

始建于隋唐之际，明代重修，碑上四个大字为河下文状元沈坤手笔。

古枚里碑亭

始建于汉代，为汉赋大家枚乘、枚皋父子故里的纪念碑。

接驾御码头

史载，从明正德十四年（1519）武宗皇帝偕刘妃南巡，至清乾隆年间，明清两代多位皇帝先后六次南巡，三次于河下御码头舍舟登陆。

梁红玉祠

始建于宋代，大殿正中，立有梁红玉佩剑塑像，两侧楹联：青眼识英雄，寒素何嫌？忆当年北虏鸱张，桴鼓亲操，半壁山河延宋祚；红颜摧大敌，须眉有愧！看此日东风浩荡，崇祠重整，千秋令誉仰淮壖。

闻思禅寺

始建于唐代，宋代僧人兰梦重建，名“大悲庵”。清康熙四十四年（1705），圣主玄烨南巡幸临此庵，钦赐“闻思禅寺”。

吴承恩汉白玉雕像

悟园

是吴家的后花园。《西游记》第二回回目是“悟彻菩提真妙理，断魔归本回元神”。园门楹联：“灵根育孕源流出，心性修持大道生。”写的是花果山美猴王出世的故事。

三王石雕

原为新疆与甘肃交界某地一道观镇观之宝，此石高约 2 米，将猴、龙、虎“三王”雕得栩栩如生，奇特的是猴居龙上，二十世纪九十年代初，六小龄童购得此石雕，2004 年 9 月陈列此馆。

沈坤状元府

为纪念抗倭状元沈坤，在其故宅地修建了状元府，建筑面积4200平方米，包括状元府、揽秀楼、跃如阁、涌云楼、香云阁等13座仿明建筑。

吴鞠通中医馆

吴鞠通中医博物馆是集养眼、养心、养性、养生于一体的中医文化博物馆，已被江苏省中医药管理局认证为全国首批“中医文化教育示范基地”。

古清真寺

始建于清初，大殿门楹匾额“思无邪”三字系清道光十年（1830）淮安知府田锐题。

古文楼

这里是历代文人雅士品茗对诗取乐之地。相传乾隆与纪晓岚南巡曾亲临此楼，不料，巧遇河下姑娘出上联："大小姐，上河下，坐北朝南吃东西"。君臣哑言无对，乾隆遂赐此楼为"文楼"。

花巷水龙局

明清时期，分布在河下十多处的水龙局均为民间筹建，一方火警，八方支援。

左宝贵纪念园

墓园始建于清末，抗日战争时被日军炸毁，新中国成立后重修。

帆影楼

古代文人把酒观帆之楼。当年沈德潜、吴敬梓，以及扬州八怪郑板桥、金农、边寿民等名流曾在此吟诵风月。

荻庄

清淮北总盐商程鉴的庄园，三面环水，芦荻萧萧，为江淮名园。乾隆四十九年（1784），地方官员曾拟将此园作行宫接待皇帝。

带柳园

清乾隆初诸生吴进（1719—1793）的私家园林。古诗曰："半亩余闲地，团团带柳沙。春塘幽聚鸟，烟树暖飞花。"

06

家国情怀

从莲花街走向全国的新安旅行团

当年，中国第一个宣传抗战的少儿团体新安旅行团从河下新安小学走向全国，向千百万人民群众宣传抗日救国，这一壮举，再次为千年古镇河下谱写了奋勇不屈的革命历史新篇章。

——追光者

“新旅”宣传抗战大型浮雕

从河下走向全国的新安旅行团

1935 年 10 月 10 日，河下莲花街新安小学 14 名学生，在校长汪达之带领下，组成新安旅行团，奔赴民族解放战场，向千百万人民群众宣传抗日救国。

他们行程 5 万余里，途经 22 个省市，先后动员、组织了 18 万少年儿童宣传抗战，为民族解放和新中国的诞生作出独特贡献，他们勇于担当的家国情怀受到毛泽东、周恩来、刘少奇、朱德、陈毅等老一辈革命家的亲切关怀和高度赞扬。

抗战集结号

呐喊

周恩来看望“新旅”小团员（铜像）

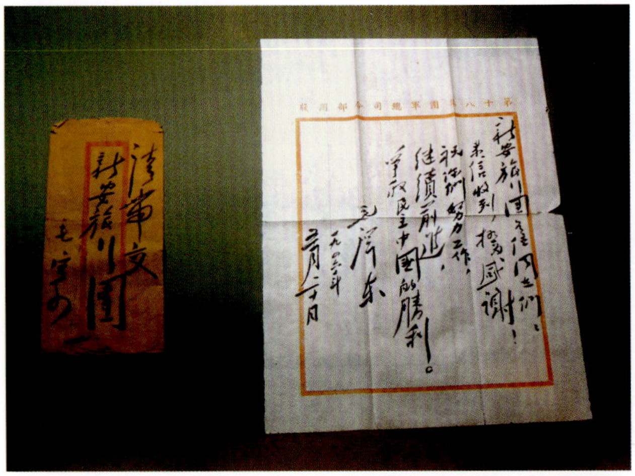

毛泽东给“新旅”的亲笔信

“新旅”宣传抗战图片

毛主席题词碑亭

新安旅行团历史纪念馆

07

文化瑰宝

岁月轮转，世纪更迭，智慧而执着的“非遗”传承人，依然坚守着老祖宗留下来的那份宝贵遗产。如今，数十个“非遗”项目在古镇生根开花，枯木逢春。

——追光者

博里农民画

博里镇是文化和旅游部命名的农民画乡，已有百幅作品被海内外博物馆收藏。著名农民画家潘宇是该画乡领军人物。

十番锣鼓（国家级“非遗”）

清道光年间由河下艺人孙毓卿编创，周宝洪因成功破译《十番锣鼓》而成为代表性传承人。

岳家茶馓

始于清乾隆年间。宣统二年（1910）获南洋劝业会铜奖；民国 19 年（1930）荣获巴拿马国际博览会金奖。图为第九代传承人岳云飞。

王兴懋酱园

始于清乾隆十年（1745）。第十二代传承人王承佳介绍，王家酱菜均以祖传秘方制作。

瓷刻大师季云华

江苏省工艺美术大师，淮安传统瓷刻代表性传承人。

季云华向孩子们讲述瓷刻文化。

河下老卤大头菜

河下大头菜明清时已名闻遐迩，图为陈永源清真茶社第五代传承人陈乃荣向游客介绍产品。

钱德源号绒花

钱德源号绒花始于清咸丰年间，现传承至钱凤池，绒花寓意“荣花富贵”。

效娲泥人潘

潘玄武用泥巴塑造的各种人物栩栩如生，其中《美猴王》泥塑被著名表演艺术家六小龄童收藏。

徐迎成烙铁画

火红的烙笔在葫芦上行走，一个个生动的艺术形象跃然而出。图为江苏省工艺美术大师徐迎成在创作。

李记纸扎

始于清道光年间，李国祥是第十一代传承人，他制作的数十种花灯乡土气息浓郁，屡次获奖。

钦工李家肉圆

淮安肉圆咸丰年间已负盛名。2009 年，国家领导人来淮视察，李家第五代传承人李忠良应邀展示了百年传统工艺。

08

光影之绚

里运河文化长廊采风集锦

流淌了 2500 年的运河依然唱着那古老的歌谣，演绎着一部又一部的漕运史诗。如今，人们正绘制着淮安版《清明上河图》——里运河文化长廊的恢宏画卷。

——追光者

淮安·漕运之都

运都胜境·九省通衢

总督河道部院

京杭大运河淮安段

慈云寺

浮在水上的古城

家国情怀·唱响淮安
（2019中央电视台中秋晚会淮安主场印象）

月伴国师塔

淮安运河博物馆

世界遗产清江闸

风光旖旎母亲河

大闸怀古 · 绞关

夜幕下的里运河

古今交响曲

美丽中洲岛

秋染清晏园

闸口御码头

浦楼晨曦

漕运总督祠堂建筑群

淮扬美食街

气贯长虹

里运河畔尽朝辉

榷关残阳

绿地新城

画中游

满湖睡莲枕波眠

荷花仙子

萧湖春雪

今昔常盈桥

雪韵清江浦

总督漕运部院遗址

周恩来纪念馆

中国漕运博物馆

一泓碧水盈天外

淮安府署

龙窝楼——宋太祖下榻处

堂子巷大桥

后　记

我与河下的情结，缘于60年前的童年时代，我曾在那里度过两年快乐时光。

那年我12岁，父亲因工作调动，举家从南京来到淮安，住在与河下隔河相望的湖心寺。那里鸟语花香，风光旖旎，人称“湖心公园”，是原江苏省第二干部疗养院所在地。那时，古运河上没有桥，进城全靠乘摆渡船，保留着迷人的乡土风情。

记得疗养院伙食特好，仅淮厨就有四五十人。听父亲说，当时省长惠浴宇率京剧大师荀慧生一行来院慰问，对食堂的淮扬菜赞不绝口。后来我才知道，河下是中国淮扬菜主要发源地之一，它始于春秋，兴于隋唐，盛于明清。1949年开国大典，以周总理故乡淮扬菜为主的筵席成为“开国第一宴”。

我转在河下天兴观实小读书，每到放学，古镇就是我们放飞心灵的天堂。一座座历史遗迹见证辉煌，一个个历史名人熠熠生辉。石板街留下我们的足迹，程公桥回荡着我们的欢声笑语。

从御码头乘渡船回家最为惬意。夕阳下，我们迎着一抹抹霞光，吹着一丝丝清风，聆听着水浪声，橹桨声讲述那运河的故事。身后，沐浴在夕阳中的古镇美不胜收；彼岸，逆光下的湖心寺风情万种。此时此刻，那一幅幅绚丽画卷融织成永恒记忆……

沧海桑田，时代变迁，不变的是我对河下的思念。它那深厚独特的岁月沉淀，它那深沉朴实的乡情之美，时时抚慰着我的心灵。于是，半个世纪的乡愁，化作八年的追光之旅，无论是严寒酷暑，还是风雨雪雾，从未让我停下执着的脚步，一路走来，感悟着人生真谛……

庄子曰：“天地有大美而不言。”河下永恒的“灵性之美”潜藏在厚重历史文化底蕴之中；潜藏在江淮流域和大运河所特有的气质之中，那是它的灵魂所在。

因此，这部影集在深度拍摄和编写过程中，不仅追求它的历史之美、人文之美，更注重表现它内敛从容的品格之美。

当你打开这部影集，呈现在你面前的那一帧帧精美图片，那一行行跳动的文字，会让你对这个古老小镇有一个全新的、立体的认知；当你为淮安历史文化之美而感叹时，正是我出版这部影集的初衷实现之时，我将为此感到由衷的欣慰。

——追光者

在部队画巨幅毛主席像

在南字 130 部队留影

在原南京军区美术创作组

与夫人在天安门前留影

致　谢

这部影集在拍摄和编写过程中，得到不少朋友的关心和鼓励，借此机会表示衷心感谢！同时，向浙江摄影出版社同志为这本书的编辑、出版所付出的辛勤劳动致以崇高敬意！

责任编辑：程　禾
文字编辑：王家豪
责任校对：高余朵
责任印制：汪立峰
版面设计：宁　洋

图书在版编目（CIP）数据

吴承恩故里：河下古镇 / 林启东著. -- 杭州：浙江摄影出版社, 2021.1
ISBN 978-7-5514-3232-0

Ⅰ. ①吴… Ⅱ. ①林… Ⅲ. ①乡镇—地方史—研究—淮安市 Ⅳ. ①K295.35

中国版本图书馆CIP数据核字(2021)第006759号

WUCHENGEN GULI HE XIA GUZHEN
吴承恩故里　河下古镇
林启东　著

全国百佳图书出版单位
浙江摄影出版社出版发行
地址：杭州市体育场路 347 号
邮编：310006
电话：0571-85151082
网址：www.photo.zjcb.com
制版：浙江新华图文制作有限公司
印刷：浙江影天印业有限公司
经销：全国新华书店
开本：787mm × 1092mm　1/12
印张：15
印数：2000 册
2021 年 1 月第 1 版　　2021 年 1 月第 1 次印刷
ISBN 978-7-5514-3232-0
定价：198.00 元